AF562437

27
Ln
22873

LE

COLONEL GLEIZES,

SA VIE ET SES TRAVAUX ;

PAR

LE PROFESSEUR N. JOLY,

De l'Académie des Sciences, Inscriptions et Belles-Lettres de Toulouse, etc.

TOULOUSE,

IMPRIMERIE CH. DOULADOURE;

ROUGET FRERES ET DELAHAUT, SUCCESSEURS,

Rue Saint-Rome, 39.

1865.

LE

COLONEL GLEIZES,

SA VIE ET SES TRAVAUX ;

PAR

LE PROFESSEUR N. JOLY,

De l'Académie des Sciences, Inscriptions et Belles-Lettres
de Toulouse, etc.

TOULOUSE,

IMPRIMERIE CH. DOULADOURE ;

ROUGET FRÈRES ET DELAHAUT, SUCCESSEURS,

Rue Saint-Rome, 39.

1865.

Ce n'est pas un panégyrique que j'entreprends d'écrire. Je me propose uniquement de retracer, sans emphase et sans fard, la vie d'un homme de bien, dont le plus bel éloge est sa vie elle-même. En agissant ainsi, je crois me conformer au vœu du Confrère excellent qui laisse après lui de si justes regrets. J'obéis en même temps au désir de sa famille, qui a bien voulu me confier le rôle de biographe, rôle pour moi si honorable et si doux à remplir. Enfin, et c'est là surtout ce qui me décide à me charger de cette tâche délicate, je trouve et saisis avec bonheur une nouvelle occasion de payer ma dette de reconnaissance à une mémoire que je vénère et que j'aime.

LE COLONEL GLEIZES,

SA VIE ET SES TRAVAUX [1].

GLEIZES (JOSEPH-ANTOINE-AUGUSTE) naquit à Dourgne, petite ville du département du Tarn, le 22 mars 1781. Son père, après s'être livré, dans sa jeunesse, à quelques opérations commerciales, s'était retiré aux lieux où il était né, et il y avait épousé Anne Faucos, fille d'un gentilhomme piémontais, que des circonstances malheureuses avaient obligé de quitter son pays.

(1) L'auteur de la *Notice* qu'on va lire se plaît à reconnaître qu'il a été très-efficacement secondé dans ce travail par les notes étendues et fort bien rédigées que lui a remises, avec une obligeance parfaite, M. Jules Gleizes, le digne fils, et aujourd'hui le digne successeur du bon Colonel.

Auguste Gleizes avait un frère qui était plus âgé que lui de sept ou huit ans et qui, à une imagination vive, mélancolique et rêveuse, joignait une grande intelligence, un esprit aimable et une rare bonté (1).

C'était, dit Alp. Esquiros, qui lui a consacré un article biographique dans la *Revue des deux Mondes* (2) : « c'était l'âme d'un Brahme dans le corps d'un Français. »

Ce frère fut constamment pour Auguste un guide et un ami (3).

Après avoir commencé ses études avec un de ses oncles, vénérable ecclésiastique qui avait pour lui toute la sollicitude, toute la tendresse d'un père, Auguste Gleizes entra au Collége de Sorèze, cette pépinière féconde d'où sont sortis tant d'hommes illustres ou distingués. Là, ses progrès furent rapides, et ses succès éclatants. En 1799, il était admis à l'école Polytechnique après un brillant examen.

Il partit pour Paris.

A cette époque, les élèves n'étaient pas, comme aujourd'hui, casernés dans l'École. Il vécut donc de la vie extérieure. Par ses relations, il se trouva lancé dans une société d'artistes et d'hommes de lettres. C'est là qu'il connut Charles Nodier, et qu'une mutuelle sympathie fit naître entre

---

(1) Gleizes (Jean-Antoine) se fit un nom dans la littérature contemporaine en soutenant, avec beaucoup de talent et de conviction, le système diététique connu sous la dénomination de système *végétarien*. Il a exposé ses idées dans un ouvrage intitulé : *Thalysie ou la nouvelle existence* (Paris, 1840, 3 vol. in-8°).

Gleizes (Jean-Antoine) a aussi publié les *Mélancolies d'un solitaire* (1794); les *Nuits élyséennes* (1800); les *Agrestes* (1804); le *Christianisme expliqué ou le véritable esprit de ce culte méconnu jusqu'à ce jour* (1837); *Séléna ou la famille Samanéenne* (1838). Pour plus de détails, consulter la *Notice* publiée par nous dans la *Biographie universelle* Michaud.

(2) Tom. XV, année 1846.

(3) Des liens de famille unissaient le colonel Gleizes à Dalayrac, le célèbre compositeur; à Urbain Vitry, Secrétaire perpétuel de l'Académie des Sciences, Inscriptions et Belles-Lettres de Toulouse; enfin, au savant Professeur Alfred Moquin-Tandon.

eux cette étroite amitié dont la mort seule put rompre les liens.

Avec les tendances naturelles de son esprit, dans un milieu où l'imagination joue un grand rôle, où les sentiments nobles et généreux se manifestent avec une vivacité toute particulière, Gleizes ne pouvait échapper au travail moral qui s'accomplissait alors dans les esprits.

Il est intéressant de voir, dans les fragments de lettres et de journal intime qu'il écrivait à cette époque de sa vie, il est intéressant, disons-nous, de voir les combats qui se livraient dans son âme, lorsque, au milieu des écueils qui environnent de toutes parts le jeune homme au début de sa carrière, il aspirait à posséder la vertu, selon la signification antique de ce mot.

Mais les distractions qui auraient pu le séduire et l'écarter de sa voie, ne lui firent jamais perdre de vue ni l'importance ni le but de ses études spéciales, et, en 1802, il entra, pour se perfectionner, à l'École d'application de Metz. Il en sortit avec le grade d'Officier du génie.

Employé d'abord aux travaux de la direction de Montpellier (1806), puis chargé d'établir, sur les côtes de la Méditerranée, les batteries destinées à repousser l'invasion des Anglais, il s'occupa ensuite des fortifications de Strasbourg et de Kehl (1807). En 1809, nous le retrouvons à l'armée du Rhin, placé à la tête d'une compagnie de sapeurs.

Le passage du Danube, la bataille de Znaïm, et l'immortelle journée de Wagram furent autant de circonstances où son savoir, son sang-froid et son courage trouvèrent l'occasion de se montrer dans tout leur éclat (1).

---

(1) Gleizes fut employé, avec sa compagnie de mineurs, à la construction du fameux pont sur le Danube.

Le jeune capitaine parle de cet ouvrage gigantesque avec une sorte d'enthousiasme qu'il cherche à faire partager à son frère, lorsqu'il lui écrit d'Ebersdorf, à la date du 25 juin 1809.

» Vous entendrez sûrement parler de nos *ouvrages*. Dans l'espace de quinze

De nouveaux dangers à courir, de nouveaux services à rendre, l'attendaient à l'armée d'Allemagne. Là, il prit une part très-active aux travaux de fortification de Salzbourg et de Bois-le-Duc (1810). Un an plus tard, il était sur la frontière d'Espagne, attaché à l'état-major du génie, et chargé de la rédaction des projets relatifs à la défense du port du Passage, dont Napoléon Ier voulait faire un port militaire d'une grande importance. Ce fut au milieu des plus grands périls que le jeune Capitaine d'état-major accomplit les reconnaissances nécessaires à ses études. Les bandes de Mina occupaient le pays, et l'on sait le sort des Français qui tombaient en leurs mains.

Mais la fortune a cessé de sourire au héros de Wagram et d'Austerlitz. Son étoile pâlit à l'horizon. Aveuglé par un fatal vertige, il pousse vers la Russie cette innombrable et valeureuse armée destinée à périr en partie sous les ruines de Moscou embrasée, en partie sous les glaces de la Bérésina. Gleizes fut du nombre de ces braves, martyrs du devoir, de l'honneur militaire, du dévouement à la patrie.

Son cœur saignait de tous ces désastres, mais il n'en avait pas moins été aux premiers rangs de l'avant-garde à l'attaque de Smolensk, à la bataille de la Moskowa, et au passage de la Bérésina. Aussi, le général Chasseloup, commandant le génie, devenu plus tard (en 1824) Pair de France et Président du Comité de fortifications, n'avait-il pas, même, après douze ans d'intervalle, oublié les services de son

---

jours, on a jeté sur le Danube un pont sur pilotis de plus de 400 toises de longueur. C'est une entreprise qui paraissait impraticable à toute l'armée, à laquelle les habitants de Vienne refusent encore de croire.

» L'Empereur en a paru extrêmement satisfait. Il a dit plusieurs fois que cet ouvrage était digne du siècle, et qu'il faisait le plus grand honneur au corps. Il vient presque tous les jours visiter les travaux, tantôt seul, tantôt avec ses Maréchaux qui, comme lui, ont pris l'habitude de faire beaucoup de questions. Il cause très-familièrement avec nous, et chacun peut se procurer l'avantage de fixer son attention. Plusieurs la recherchent, d'autres, au contraire, tâchent de l'éviter et se contentent d'observer et d'écouter en silence. »

ancien aide-de-camp, et se plaisait-il encore à en attester tout le mérite et tout le prix. « C'était, ajoutait-il, un des Officiers les plus distingués du génie. »

Tant de fatigues, tant d'émotions pénibles. tant de privations de tout genre, tant de périls chaque jour renaissants auraient suffit, et au delà, pour abattre une constitution plus robuste que celle du brave aide-de-camp du général Chasseloup. Aussi, pendant cette fatale retraite de la Grande Armée dont il était un des glorieux débris, Gleizes fut-il obligé de s'arrêter à Vilna (9 décembre 1813).

Un médecin juif, pour lequel il a conservé jusqu'à son dernier jour un souvenir plein de reconnaissance, le recueillit chez lui, et à force de soins et de dévouement, parvint à arracher à la mort cette malheureuse victime de la guerre et des frimas.

L'Empereur Alexandre venait de doter son pays d'une institution établie à Saint-Pétersbourg sur le modèle de notre École polytechnique. Prisonnier des Russes et sans autres ressources que la faible somme, déjà presque épuisée, que lui avait laissée le général Chasseloup, Gleizes aurait pu sans doute arriver aux honneurs et à la fortune, s'il avait voulu s'engager à mettre ses connaissances dans l'art des fortifications au service du gouvernement Moscovite. Mu par un sentiment de délicatesse, chez lui facile à comprendre, il refusa les offres avantageuses qui lui furent faites à cet égard. Mais il crut pouvoir accepter, seulement jusqu'à la conclusion de la paix, un emploi de professeur de mathématiques dans l'Institut naissant. De cet emploi il tirait quelques ressources qui lui étaient devenues bien nécessaires pour ses propres besoins, mais qu'il trouvait plus doux de partager avec des amis, avec des compatriotes, prisonniers comme lui, et plus que lui dénués de ces petites douceurs que l'argent seul procure sur un sol ennemi. Aussi, quand la paix fut conclue, et qu'il lui fut enfin permis de revenir en France, ne

2

put-il réunir la somme rigoureusement indispensable pour faire ce long voyage de sept cents lieues. Ses nombreux débiteurs demeurèrent insolvables ; ses obligés, plus nombreux encore, étaient dans la détresse. Quant à sa famille, toutes les lettres de Gleizes ayant été interceptées depuis sa maladie, elle le pleurait comme s'il était mort.

L'esprit studieux et réfléchi d'Auguste Gleizes trouva dans sa position même un sujet d'études nouvelles. Il s'occupa d'un projet de délimitation des frontières du Caucase, qui attira l'attention du Gouvernement russe. Il observa les mœurs, les coutumes, l'organisation politique et militaire de cet immense empire, et il se vit, malgré lui, conduit à cette conclusion, que la nation moscovite, dont les individus, pris isolément, rappellent l'urbanité française par la distinction des manières, le fini de l'éducation, et même par la pureté du langage, est une nation foncièrement barbare, « *plus barbare que les Turcs*, » s'écriait-il souvent. Les tristes événements de la Pologne et les cruautés de Mouravieff nous ont appris, malheureusement à n'en pas douter, que cette appréciation, vraie en 1812, n'a pas encore cessé de l'être de nos jours.

Rendu à la liberté par la paix, Gleizes se hâta de revenir en France. Mais le bonheur de revoir sa patrie ne fut pas sans mélange Longtemps avant qu'il y fût rentré, sa mère avait cessé de vivre. Ce malheur, qu'on lui avait caché, l'impressionnait douloureusement, et il se reprochait de s'être laissé entraîner par les événements loin du lieu où il aurait pu recevoir la dernière bénédiction de celle qui lui avait donné le jour. Mais il retrouvait dans son frère un ami et un consolateur, et dans sa belle-sœur, Mme Aglaé Gleizes, fille du littérateur La Beaumelle, un esprit des plus distingués, et surtout un cœur bien capable d'amortir le coup douloureux dont il venait d'être frappé.

Trois ans plus tard (1817), il épousa Mlle Jenny-Henriette de Caffarelli du Falga, fille du comte de ce nom, préfet maritime et conseiller d'État sous le premier Empire, dont il fut, comme ses frères, une des plus pures illustrations (1). De cette heureuse union naquirent deux fils, dont l'un mourut dans son adolescence; l'autre continue aujourd'hui les nobles traditions de sa famille et porte dignement le nom de son père et de ses aïeux.

En 1815, Gleizes fut envoyé à la Fère, et chargé des travaux de défense de cette place, point stratégique important, mais dont les fortifications, mal conçues et en mauvais état, offraient une voie facile à l'ennemi.

Le chef du génie établit un système d'inondations en amont de la ville, traça de nouveaux remparts, et fit si bien qu'il put soutenir pendant cinq mois le blocus des Prussiens. Comme membre du Comité de défense, il sut communiquer son énergie à ses collègues et braver une famine affreuse, réprimer les tentatives de rébellion qui en étaient la suite, et s'opposer efficacement à la reddition de la place.

Sans cette énergique résistance, les alliés du Roi auraient pillé une ville où se trouvait un arsenal considérable et où flottait le drapeau blanc : situation étrange et périlleuse s'il en fut jamais ! car, tandis qu'il recevait des chefs du Gouvernement l'ordre officiel de se rendre à des assiégeants qui se disaient et qui, par le fait même, étaient nos alliés, des instructions secrètes, émanées de la même source, l'engageaient à tenir tête à l'ennemi.

Cette défense, qui fait le plus grand honneur au capitaine Gleizes, lui valut la croix de chevalier de Saint-Louis. Aujourd'hui encore, à l'école de Metz, sa conduite et ses travaux pendant le siége de la Fère, sont proposés pour modèles aux jeunes officiers que l'on initie aux secrets de la tactique militaire et de la science des fortifications.

---

(1) On sait que Napoléon Ier disait de la famille Caffarelli, qu'elle était « *fanatique de l'honneur.* »

En 1817, c'est-à-dire, l'année même de son mariage avec la fille du comte Caffarelli, commence pour notre regretté confrère une carrière de travaux pacifiques, où l'activité incessante des combats fait place à des études laborieuses dans le silence du cabinet, à des reconnaissances en pays ami, et où l'ingénieur se substitue à l'homme de guerre.

C'est alors, en effet, qu'il fit construire les belles casernes d'Auch, de Tarbes, de Pau, etc.

Mais ces travaux, quelque importants qu'ils fussent, ne pouvaient éloigner de son esprit les préoccupations qu'y avait fait naître la délimitation politique de nos frontières du côté de l'Espagne; délimitation alors si peu en harmonie avec les besoins de la défense, avec la configuration naturelle du terrain, avec la rigoureuse observance des lois douanières, enfin, avec la tranquillité des populations établies des deux côtés de cette ligne fictive, et, conséquemment, si facile à franchir.

Il proposa donc de prendre pour démarcation politique la ligne passant par les sommets de la chaîne pyrénéenne.

Dès qu'il eut conduit à bonne fin le travail immense, difficile, périlleux même, dont il était chargé, d'autres difficultés surgirent; difficultés de mise à exécution dont il sut triompher, grâce à son courage, à sa persévérance, à son esprit conciliant, à sa légitime influence auprès des chefs d'administration, au respect qu'il savait partout inspirer, et surtout grâce à son amour si vrai pour son pays. Trois années avaient été employées pour ce gigantesque travail, qui valut à son auteur les plus honorables témoignages, et servit de base à toutes les négociations diplomatiques entreprises, ainsi qu'à tous les traités qui en furent la conséquence.

Appelé à Bayonne une première fois en 1823, mais pendant peu de temps, il y retourna en 1832 pour n'en sortir que neuf années après, c'est-à-dire, quand l'heure du repos réglementaire eut sonné pour notre savant compatriote, devenu alors colonel du génie.

Toute cette dernière partie de sa vie, consacrée au service armé du pays, fut employée à l'étude des divers projets qui avaient pour but de remanier la place de Bayonne, d'en compléter l'organisation, et de la rendre propre au rôle de premier ordre qu'elle est appelée à jouer dans une guerre, soit défensive, soit offensive.

L'agrandissement de la ville, ses établissements, tant civils que militaires à créer, ses remparts à construire, etc., formaient sur le papier un total de onze millions. Il fut donné au colonel d'en dépenser quatre, à l'aide desquels furent édifiés la moitié de la nouvelle enceinte, la courtine casematée des *Allées marines*, un hôpital militaire destiné à 1,200 malades et pouvant, au besoin, en contenir 1,800; magnifique bâtiment qu'admirait son Altesse Royale le duc d'Orléans, enlevé d'une manière si fatale à l'espoir de la France, et qui valut, de la part de ce prince, les éloges les plus flatteurs à celui qui avait conçu et exécuté ces remarquables constructions.

C'est qu'à Bayonne, en effet, les difficultés inhérentes à tous les grands travaux se trouvaient compliquées par la nature mouvante et tourbeuse du terrain. Les fondations n'étaient pas possibles au moyen des procédés ordinairement mis en usage. Les pilotis s'enfonçaient sans cesse, et il n'était pas prudent de leur confier des poids énormes.

Gleizes eut l'idée, bizarre en apparence, *de bâtir sur le sable*. C'est alors qu'il confia au capitaine Niel, devenu depuis maréchal de France, une longue série d'expériences sur l'incompressibilité du sable dans certaines circonstances. Ces expériences, conçues avec bonheur, dirigées avec une grande habileté, exécutées avec une rare intelligence, réussirent pleinement, et après bien des soucis, bien des veilles, bien des nuits d'insomnie, Gleizes put enfin édifier en toute sécurité, sur le sable, ces belles constructions qui font de Bayonne une place de guerre de premier ordre.

Le grade de lieutenant-colonel (1834), et, cinq ans après, celui de colonel du génie, furent la glorieuse et juste récompense des services éminents de notre compatriote. Au moment où l'heure de la retraite arriva, Gleizes l'accepta sans murmure, mais non pas sans tristesse, en regardant l'œuvre importante (les fortifications de Bayonne) qu'il avait commencée, qu'un autre allait finir. Le Ministre de la guerre lui fit témoigner ses regrets de se voir empêché par les rigoureuses exigences des lois militaires, de le nommer au grade de général : en revanche, il lui fit obtenir la croix de Commandeur. Nous n'avons ni la mission, ni le désir, ni surtout le talent nécessaire pour apprécier comme il le faudrait les époques d'agitation fébrile, de gloire éblouissante ou de désastres inouïs dont il fut le témoin, non plus que les faits d'armes, grandioses par le plan et par l'exécution, dans lesquels il fut lui-même acteur. D'ailleurs, un écrivain illustre (M. Thiers) s'est acquitté de cette tâche avec un talent qui défie toute témérité comme toute comparaison.

Mais, en jetant un coup d'œil rétrospectif sur cette carrière si bien remplie du soldat, en voyant tant de dévouement, d'activité, de courage associés à tant de science et d'honneur, nous sommes attristé, mais non surpris du long oubli où fut laissé l'ingénieur si distingué dont nous venons de rappeler les services et les travaux de guerre,

Capitaine dès 1807, il ne devint chef de bataillon qu'en 1825, après avoir été proposé trois ou quatre fois pour ce grade, à partir de 1812. « Souvent, nous dit un de ses anciens compagnons d'armes, souvent nous avons entendu le colonel attribuer l'oubli dont il fut la victime, à ses deux ans de captivité à Pétersbourg. Mais nous avons trop l'expérience des carrières, et nous savons trop combien les hommes modestes se nuisent par leur silence, pour que nous puissions admettre comme valable la cause d'oubli invoquée par le brave colonel. »

La trop grande modestie de notre confrère, son aversion décidée pour le rôle de solliciteur, voilà ce qui explique en effet pourquoi il attendit si longtemps la justice, ou plutôt, comme il le dit lui-même avec une noble fierté, « la *demi-justice* » qui lui fut rendue, lorsqu'il obtint enfin le grade de chef de bataillon (1825).

Une fois cependant (c'était en 1814), pressé par sa famille et ses amis, il avait consenti à rappeler à ses chefs et ses services et ses droits.

Mais, de son propre aveu, cette démarche, la seule de ce genre qu'il ait jamais faite, lui « causa plus de trouble et de souci qu'il n'en avait éprouvé à la bataille de la Moskowa. »

Déçu dans ses espérances, mais calme et se possédant lui-même, Gleizes écrit à son frère indigné :

« Il ne s'agit, dit-il, il ne s'agit ici que d'un capitaine du génie qui n'a pu parvenir au grade de chef de bataillon. Mais j'en connais vingt dans le corps qui pourraient se plaindre avec une égale justice, et il y en a des milliers dans l'armée. Tout cela se perd dans l'océan des misères humaines. Quel est l'homme qui ne pourrait à lui seul remplir un journal de ses plaintes? Pour moi, tant qu'on ne m'attaquera pas ouvertement, je me tiendrai en repos. L'idée que le public pourrait s'occuper de moi me fait éprouver une sensation pénible et fatigante, et je rends grâce au ciel de ne m'avoir inspiré jusqu'ici aucune tentation qui ait eu pour objet de sortir de l'état d'obscurité auquel il me paraît assez doux d'être condamné. (La Fère, le 2 mars 1815.) »

Dès son entrée dans l'armée, Gleizes devint et resta toujours l'idole de ses soldats.

Voici ce qu'il écrit lui-même à ce sujet, au moment où nommé, contre son gré, capitaine d'état-major (10 janvier 1811), il se vit obligé de remettre à son successeur le service dont il était lui-même précédemment chargé.

« Ce jour-là, dit-il, a été un jour de deuil et de consternation pour mes braves mineurs. J'ai vu de vieux militaires, ayant les yeux remplis de larmes, et j'avais quelque peine, je l'avoue, à retenir les miennes. Je pouvais compter de leur part sur un dévouement sans bornes. Ils m'auraient suivi, disaient-ils, jusqu'au bout du monde. »

Lors même que le colonel Gleizes eût cessé d'exister au moment où finit sa vie militaire, cette vie n'aurait pas moins pu et dû être considérée comme amplement remplie, comme un modèle à imiter. Mais puisqu'à une carrière déjà si brillamment parcourue, soit au milieu du bruit des armes, soit dans le silence du cabinet, la Providence daigna encore ajouter de longs jours, suivons maintenant Gleizes, le guerrier d'autrefois, au sein de sa famille, dans sa retraite toujours activement occupée, au milieu des populations agricoles dont il était le bienfaiteur et le père, parmi les pauvres qui le bénissaient; enfin, dans les assemblées délibérantes où il apportait le tribut de ses lumières, le trésor de son expérience et l'exemple de ses vertus.

Au commencement de l'année 1841, le colonel Gleizes vint à Toulouse, attiré par la certitude d'y retrouver des amis, des parents même, et par le désir de mettre à la portée du seul fils qui lui restait les moyens d'instruction dont notre belle cité est si richement pourvue. Là, il accompagnait ce fils, devenu aujourd'hui son digne successeur, aux divers cours de nos Facultés; il s'asseyait auprès de lui, et tous deux écoutaient attentivement le professeur; comme si tous deux avaient en perspective le redoutable examen du baccalauréat.

Celui qui écrit ces lignes, tiendra toujours à grand honneur d'avoir pu compter ce noble vieillard au nombre de ses auditeurs les plus bienveillants, et d'avoir eu une part précieuse de son amitié et même de ses bienfaits.

A peine le colonel Gleizes fut-il arrivé à Toulouse, que son mérite, bien que soigneusement caché par son extrême modestie, fut apprécié par les juges les plus compétents, et que lui-même fut recherché dans toutes les occasions où l'on avait beson d'un homme intelligent, disposé à mettre ses lumières, son expérience et son activité au service de la chose publique.

C'est ainsi qu'il fut successivement admis au sein de nos principales Sociétés savantes, Membre du Conseil académique, Président ou Vice-président de la plupart des Commissions et des Jurys institués dans l'intérêt de nos écoles, ou pour étudier l'opportunité, l'utilité et les moyens d'accomplir ces grands travaux que réclamait notre ville et les localités voisines; travaux qui, grâce à son initiative ou à sa haute influence, sont complétement terminés, ou bien en voie d'exécution.

La révolution de 1848 trouva le colonel Gleizes inébranlable dans ses convictions et ses sympathies politiques : aussi accepta-t-il avec empressement la présidence de la Société dite des *Amis de l'ordre et de la prospérité nationale*, et s'efforça-t-il d'établir entre les diverses opinions modérées une fusion qui contribua puissamment au triomphe de l'idée qu'il représentait. Heureux de ce résultat, il ne dissimulait pas sa joie intime; mais jamais on ne le vit, comme tant de convertis du lendemain, jeter l'injure et la boue à la face des vaincus.

Vers la fin de 1849, le désir et le besoin d'une vie plus calme, d'une vie selon la nature, comme il le disait lui-même, détermina notre excellent confrère à se retirer à la campagne, dans ce même village où son beau-père, le comte

Caffarelli avait consacré les trente dernières années de sa vie à rendre heureux tous ceux qui l'entouraient.

Nommé, bientôt après son arrivée, Maire de Lavelanet, Gleizes prit tellement à cœur la mission qu'il avait acceptée, que la commune entière ne tarda pas à se transformer sous son administration tout à la fois habile, ferme et surtout paternelle. Les habitants l'appelaient *notre bon Colonel*, et lui-même se réjouissait dans son cœur à l'idée du bien qu'il avait pu leur faire dans une sphère si modeste.

Cette sphère s'étendit au grand profit de tous, lorsque Gleizes, cédant aux sollicitations réitérées de ses concitoyens, consentit à venir occuper un siége d'honneur au Conseil général de la Haute-Garonne.

Dans un touchant adieu prononcé sur la tombe du colonel, M. Naves, son collègue et son ami, nous apprend comment il s'acquitta de l'honorable mandat dont l'avaient investi l'estime et la confiance de ses concitoyens.

« Arrivé au Conseil général, nous dit M. Naves, le colonel Gleizes fut associé aux travaux les plus difficiles ; ses nombreux rapports vous disent comment il s'en acquitta.

» Son opinion et sa parole acquirent, dès le début, l'autorité qui leur était due. Ses talents, unis à l'aménité la plus gracieuse, lui attirèrent cette respectueuse sympathie qui le suivit partout dans sa longue vie. Je le vois encore aux dernières séances, pendant lesquelles ses forces physiques semblaient lui faire défaut, recevoir avec attendrissement les marques de déférence et d'attachement que chacun se plaisait à lui prodiguer. Dans ce corps, comme ailleurs, il compta autant d'amis que d'hommes, et je me dis, à bon escient, l'interprète de tous, en déposant sur sa tombe un tribut de regrets d'autant mieux sentis, que la vigueur de l'esprit, la netteté des idées, la précision du jugement de notre excellent collègue nous laissaient espérer, malgré son grand âge, de le voir longtemps encore parmi nous (1).

En 1843, le colonel Gleizes était devenu membre de l'Académie des Sciences, Inscriptions et Belles-Lettres de Toulouse, et bientôt après, membre résidant de la Société d'agriculture de la même ville. Les travaux dont il enrichit les Mémoires de ces deux Compagnies savantes, portent, non-seulement l'empreinte de son esprit éminemment pratique, mais encore et surtout celle de son cœur, toujours inspiré par un ardent amour du bien public.

C'est d'abord sa *Notice sur les travaux exécutés pour la dérivation des eaux de la Durance amenées à Marseille.*

Ces constructions grandioses devaient, en effet, exciter au plus haut point l'intérêt d'un ingénieur profondément versé dans la science hydraulique. Cet intérêt, le colonel Gleizes nous le fait partager dans la description qu'il nous donne de cette lutte qui met aux prises l'intelligence humaine, tantôt avec les forces vives, tantôt avec l'inertie des obstacles naturels, et qui, non-seulement triomphe de ces forces et de ces obstacles, mais encore les fait servir au but utile qu'elle se propose. A moins d'avoir lu cette description tout à la fois savante et pittoresque, on ne s'imagine pas tout ce qu'il a fallu dépenser d'art, de génie, de patience et d'argent pour construire, par exemple, ce magnifique pont-aqueduc de Roquefavour, cette merveille des temps modernes, qui laisse bien loin derrière elle le fameux pont du Gard, que les Romains, maîtres du monde, élevèrent à grands frais pour abreuver leur colonie.

Préoccupé de l'idée que le beau fleuve qui coule à nos portes, « *mais sans mouiller suffisamment ses bords*, » pourrait et devrait fertiliser nos campagnes, le colonel Gleizes usa de toute son influence auprès de l'Administration, pour

(1) Voir le journal *l'Aigle*, du 14 avril 1863.

qu'un projet depuis longtemps élaboré par son ancien compagnon d'armes et ami, M. Mescur de Lasplanes, reçût enfin une prompte exécution. Ce projet si utile, conçu il y a plus de cinquante ans, consisterait à dériver de la Garonne une prise d'eau assez considérable pour alimenter un canal destiné à arroser toutes les vallées comprises dans son parcours, c'est-à-dire, de Saint-Martory à Toulouse (1).

Étudié depuis par M. Montet, de regrettable mémoire, et plus récemment, quoique dans de moindres proportions, par M. de Raynal, l'habile ingénieur en chef, naguère encore chargé du service hydraulique, le projet de M. Mescur de Lasplanes ne pouvait manquer d'obtenir toutes les sympathies du Colonel, comme il a conquis aujourd'hui celles de tous les riverains intéressés à sa mise à exécution la plus immédiate.

Nous sommes heureux d'apprendre que l'un des vœux les plus chers du bon Colonel, va être enfin accompli, et nous rendons grâce, avec beaucoup d'autres, aux généreux efforts de tous ces hommes de bien qui ont rivalisé de zèle, de savoir et de dévouement, pour doter nos contrées agricoles de l'un des éléments les plus précieux de la richesse publique.

Mais, si l'eau est une richesse, si elle est la fécondité même, elle est aussi trop souvent la désolation et la mort. Personne ne l'avait mieux compris parmi nous que le philanthrope éclairé dont je rappelle en ce moment les travaux.

Témoin l'attention toute spéciale qu'il apportait aux questions relatives à l'amélioration des cours d'eau non navigables, à la réglementation des usines, au dessèchement des

---

(1) Voir dans le *Journal d'Agriculture pratique* pour le Midi de la France, le Mémoire du colonel Gleizes, intitulé : *Projet d'irrigation par une dérivation de la Garonne, prise à Saint-Martory.*

Voir aussi l'*Avis aux cultivateurs de cette contrée*, imprimé à Toulouse en 1851.

marécages, au curage des fossés, et surtout au *drainage*, mot nouveau, disait-il, inventé pour désigner un procédé aussi ancien que l'agriculture.

Quant on songe aux effets désastreux de la disette sur la durée de la vie humaine, sur le nombre des mariages et des naissances, sur le chiffre des jeunes gens appelés tous les ans sous les drapeaux, et, finalement, sur la tranquillité générale du pays, on s'étonne et l'on s'afflige de l'insouciance et de l'incurie des populations menacées de ce fléau, presque régulièrement périodique.

Les regrets et l'étonnement redoublent, lorsqu'on voit ces mêmes populations négliger les moyens simples, peu dispendieux, et aujourd'hui certains, que leur offre la science, pour se mettre à l'abri des pertes énormes en céréales, occasionnées par la fermentation et les insectes seulement.

D'après des supputations que l'on a lieu de croire suffisamment exactes, les ravages que ces ennemis presque invisibles exercent en France, constituent une perte annuelle, dont le chiffre est égal ou même supérieur au déficit des plus mauvaises années.

De là résulte que la France, avec une production plus que suffisante, ne fournit pas, en réalité, assez de grains pour sa consommation, et que le déficit annuel, s'il n'était pas couvert en partie par les importations, serait, en moyenne, de plus d'un million d'hectolitres. Ainsi, de 1816 à 1852, c'est-à-dire, dans une période de trente-six ans, pour assurer la subsistance de ses habitants, notre pays s'est appauvri de plus de 705 millions. Une seule disette, celle des années 1846 et 1847, entre dans cette somme pour 370 millions.

Je me hâte de dire que j'emprunte ces navrants détails à l'un des derniers travaux sortis de la plume octogénaire, ou plutôt du cœur toujours jeune et toujours généreux de notre bienaimé confrère.

Ce travail a pour titre : *Etude sur la question des subsistances.*

L'auteur traite, avec un véritable amour et d'une manière complète, cette question tout à la fois économique et sociale, et il étudie successivement les divers procédés mis en usage pour la conservation des céréales, la construction des greniers et des silos pour la grande et pour la petite propriété; enfin, les moyens préventifs contre la disette et l'avilissement du prix des grains.

Celui qu'il propose a soulevé des objections qui, peut-être, ne sont pas sans justesse. Il consisterait à imposer aux communes « l'obligation de pourvoir, dans la limite de leurs facultés, à assurer la subsistance de tous. »

Il voudrait, en outre, que, suivant une pensée de l'Empereur Napoléon Ier, il y eût une inspection annuelle des communes, confiée à des fonctionnaires intègres et zélés, qui signaleraient les abus, l'imprévoyance ou l'incurie, en même temps qu'ils imprimeraient l'activité et la régularité aux opérations.

On peut ne pas partager toutes les idées du noble vieillard sur ce grave sujet, mais il est impossible de ne pas admirer la vigueur et la lucidité parfaite de son intelligence, la générosité de ses sentiments et l'exquise bonté de son cœur.

Les *Mémoires* de l'Académie des Sciences de Toulouse renferment encore plusieurs autres travaux très-importants du Colonel. Ce sont :

1° Un *Rapport sur un procédé propre à la conservation des bois de construction;*

2° Un *Mémoire sur les planchers en fer*; et surtout

3° Sa *Notice sur les propriétés du sable, considéré comme moyen de fondation en mauvais terrain, d'après les expériences faites à Bayonne, et les travaux exécutés dans cette place par le génie militaire;*

4° Enfin, nous devons citer un remarquable *Rapport*

sur le chemin de fer de Toulouse à Bayonne, présenté au Conseil général de la Haute-Garonne, dans sa séance du 27 *août* 1851.

Je regrette vivement que mon défaut absolu de connaissances spéciales sur les sujets traités par mon savant et vénéré confrère, m'interdise le droit et le plaisir d'analyser, et encore moins de juger ce qu'il en dit. Je renvoie donc mes lecteurs au Recueil académique précédemment cité.

Admis, en 1842, au sein de la Société d'Archéologie du Midi, le Colonel se mit à étudier les vieux édifices, les églises où s'agenouillaient nos ancêtres, et les asiles pieux qui ont conservé leur dépouille.

C'est à cet amour des monuments du passé, naguère si poétiquement décrit par M. le comte de Toulouse-Lautrec, que nous devons le Mémoire sur la *découverte d'une nécropole à Cazères;* la *Notice sur l'église cathédrale de Bayonne* et celle qui a pour objet *la ville de Rieux et ses archives.* Si nous voulions caractériser la manière d'écrire du Colonel, nous en dirions ce qu'il a dit lui-même du style architectural de la cathédrale Bayonne. Il est sévère dans ses formes, sobre d'ornements, mais la solidité n'en exclut pas une certaine élégance. Le lecteur en jugera par le morceau suivant :

« Sous un ciel souvent voilé par les brumes de l'Océan, ce symbole vénérable du christianisme (il s'agit de la cathédrale de Bayonne) apparaît de loin, sombre, noirci par le temps, au milieu d'un site frais et riant, où la nature semble avoir voulu rapprocher tout ce qu'elle a d'imposant et de gracieux. Si l'on arrive par la route de Bordeaux ou par celle de Toulouse, après avoir traversé les Landes, dont l'aspect attriste la vue, l'ensemble des objets qui se présentent tout à coup, et que l'on domine, est bien digne de captiver l'attention. D'un côté, la mer, avec ses rivages découpés, bordée de forêts de pins et d'une large zone de dunes semblables à des vagues immobiles; au loin l'horizon, borné par les derniers rameaux de la chaîne des Pyrénées, qui va courir bientôt en se relevant le long des côtes de la Biscaye. Au fond du bassin, que décore une végétation riche et puissante, deux belles rivières viennent se réunir : l'Adour avec ses quais, son pont flottant, ses longues promenades, ses ports chargés de navires de diverses nations, et la Nive, au cours paisible, sortant timidement d'une charmante vallée que les Basques habitent (1). »

Tous les travaux que je viens d'énumérer témoignent de l'incessante activité de notre regretté confrère. La correspondance et les fragments de *Journal intime* que sa famille a bien voulu me confier, témoignent hautement de ses vertus.

Aussi, je regrette de ne pouvoir citer ici tous les passages qui ont ému ou commandé ma respectueuse attention !

Depuis, et même avant son entrée à l'École polytechnique jusqu'à la fin de sa carrière, au milieu des neiges de la Russie, comme sous le frais ombrage de la Nogarède et de Lavelanet, une seule pensée l'occupe, ou plutôt trois pensées confondues en une seule, celle du devoir, celle de la famille et celle de la patrie. Gleizes est, à dix-huit ans, ce qu'il sera toujours, c'est-à-dire, un philosophe, ni plus ni moins; un philosophe pratique, réglant son temps et sa vie à la manière de Franklin, s'observant, s'étudiant, se corrigeant sans cesse, n'ayant d'autre ambition que celle du bien, d'autre but que la vertu; sévère pour lui-même, indulgent pour autrui; animé d'un ardent désir de connaître; économe de ses heures beaucoup plus que de son argent; modeste, obligeant et dévoué; âme tendre, mélancolique et rêveuse, et pourtant énergique; âme vraiment et doublement sœur de celle qui a inspiré les *Agrestes*, les *Nuits élyséennes* *Thalysie* et *Séléna*.

---

(1) *Notice sur l'église cathédrale de Bayonne*, p. 5.

Si ce portrait semblait flatté par l'affection ou la reconnaissance, il me suffirait de mettre sous les yeux du lecteur ces pages du *Journal intime*, écrites un peu partout, et jaunies par le temps. C'est là que Gleizes s'est peint lui-même, c'est là surtout qu'il est impossible de le voir, de l'entendre et de ne pas l'aimer.

Écoutez ce passage, daté du 12 messidor an VI :

« Il n'est pas de plus grand préservatif contre le vice que le malheur. Oh ! combien la Nature est bonne ! Comme elle sait tourner à notre avantage ce qui ne semblait être d'abord que l'instrument de notre perte ! J'en ai fait l'expérience. Ne serais-je pas maintenant corrompu peut-être, comme tant de jeunes gens de mon âge, si une tristesse salutaire, si le souvenir de la mort de mon père ne me rappelait sans cesse à la vertu? Si je conserve toujours un souvenir si tendre, si j'ai la force de me le rappeler dans les occasions périlleuses, je n'y succomberai jamais. Si j'avais le malheur de tomber dans de mauvaises dispositions, ô mon père ! faites que je m'environne de votre ombre. En quelque endroit que le sort me conduise, je penserai aux lieux où vous me prodiguiez votre amour, parce que je marchais dans la *voye* (sic) de la vertu. »

Nous lisons sur un autre feuillet :

« Doux sentiment d'innocence et de patrie ! tu composes une partie de mon bonheur, et jamais je ne ferai une mauvaise action, si tu n'es pas banni de mon cœur. »

Avare de son temps, avide de connaître, le jeune élève de l'École polytechnique allait jusqu'à regretter une seule minute perdue, et il s'imposait, comme règle générale, de profiter de toutes les occasions de s'instruire, de réfléchir, de devenir meilleur. Nous avons vu qu'il atteignit son but.

Le cœur d'Auguste Gleizes, doué d'une sensibilité presque maladive, avait eu, on le conçoit, beaucoup à souffrir à la vue de nos discordes civiles et des sanglantes représailles qu'elles avaient suscitées.

Les lignes suivantes, écrites le 29 thermidor, portent l'empreinte de cette souffrance intérieure, presque voisine du découragement.

« Je cherchais un appui dans le cœur de mes semblables; et je n'ai trouvé partout qu'une froide indifférence, un intérêt grossièrement simulé. J'ai donc borné mes relations à Dieu et à mes parents, dont la tendre amitié m'a toujours offert un asile.

» Y a-t-il sur la terre un monstre plus affreux que l'homme inaccessible aux maux de ses semblables» Oh ! si je suis jamais heureux et puissant, comme je chercherai de toutes mes forces à soulager l'infortune ! »

Ai-je besoin de faire remarquer que l'adolescent devenu homme n'a jamais failli à ses engagements ?

Ici les preuves abondent. Mais la bienfaisance elle-même a ses secrets comme la tombe, et, à mon très-grand regret, je dois m'abstenir de les mettre tous au grand jour (1).

Je me bornerai à dire qu'être malheureux, ou seulement le paraître, était, aux yeux de Gleizes, un titre suffisant pour avoir droit à sa pitié et même à ses bienfaits. Sous ce rapport, il fut plus d'une fois dupe de son cœur ; mais ce fut le seul défaut dont il ne put jamais se corriger, et le nombre est bien grand de ces déshérités du sort qu'il soulagea de sa fortune ou protégea de son crédit.

Les vieux militaires surtout, ces glorieux débris de la République et de l'Empire, avaient très-souvent recours à lui avec succès. Beaucoup d'entre eux, après avoir souffert dans leur jeunesse au service de la patrie, ont pu, dans leurs

---

(1) Pour de plus amples détails, voir l'*Éloge historique du Colonel Gleizes*, dans les Mémoires de l'Académie des Sciences, Inscriptions et Belles-Lettres de Toulouse, tom. III, 6e série, p. 435.

derniers jours, échapper à la misère et conserver de leur bienfaiteur un souvenir reconnaissant. Il était puissamment secondé par M. le docteur Massabiau, député de la Haute-Garonne, qui mettait, avec beaucoup d'empressement, au service de son ami le Colonel, l'influence qu'il possédait dans des sphères plus élevées, et l'aidait ainsi à écarter les difficultés de détail qui auraient pu empêcher que les droits de ces vieux guerriers fussent reconnus et constatés.

Lorsqu'on aime et pratique le bien, lorsqu'après avoir participé à de grandes choses dans le cours d'une vie plus ou moins agitée, on rentre dans un milieu paisible et dans le calme que donne la vue des champs, pour y jouir d'un repos noblement conquis : lorsqu'on sent au fond de son âme combien est vraie cette maxime de notre poëte national :

> « Aimer, aimer, c'est être utile à soi ;
> Se faire aimer, c'est être utile aux autres. »

il est doux de jeter un regard sur le passé comme sur le présent, et de se voir entouré de l'affection, de l'estime et du respect de tous ceux qu'on a secourus dans leur détresse ou consolés dans leurs souffrances.

Gleizes, au déclin de ses jours, éprouvait pleinement ces fortifiantes impressions. Elles se reflétaient dans sa manière d'être et sur sa vénérable figure, empreinte de tant de calme, de bienveillance et de bonté. Jouissant encore avec bonheur du spectacle de la Nature, qui toujours avait eu pour lui tant de charmes, il s'avançait, plein de sérénité, avec toute son intelligence et sans infirmités, vers le terme de sa carrière. Ses amis, sa famille elle-même s'étaient presque habitués à l'idée de ne voir jamais venir l'heure du suprême adieu. Elle vint pourtant dans la nuit fatale du 5 au 6 avril 1863.

Notre regretté confrère s'éteignit à l'âge de quatre-vingt-deux ans ; il s'éteignit doucement, sans souffrance, avec le calme du juste qui laisse ici-bas, en souvenir de son passage, tout le bien qu'il a fait, et porte ailleurs ses espérances (1).

---

(1) Plusieurs discours furent prononcés sur la tombe du colonel Gleizes. Un des plus touchants et des plus vrais disait entre autres choses :

« Celui que nous pleurons était pour nous plus qu'un bon administrateur : c'était un père. Toutes les douleurs, toutes les misères qui se produisaient autour de lui, trouvaient un écho dans son cœur, et il s'appliquait à les soulager avec une touchante sollicitude. D'un caractère toujours égal, d'une bienveillance qui ne se démentit jamais, il était accessible à tous, et mettait au service de tous, avec une bonhomie charmante, et sa grande capacité et sa haute influence. Qui pourrait dire tous les services qu'il a rendus et qu'il était si heureux de rendre ? Aussi, laisse-t-il de profonds regrets, et sa mort est-elle un deuil général pour toute la paroisse, je dirais presque pour toute la contrée. Reposez donc en paix, bon Colonel. Le souvenir de vos bienfaits, de vos bons exemples et de vos vertus vivra longtemps dans notre cœur. Vous ne nous laissez point orphelins : vous nous restez dans celui qui est un autre vous-même, et qui perpétuera, sous l'œil consolé de sa digne mère, les nobles traditions de sa famille. »

(Discours prononcé par M. le Curé de Lavelanet ; *Journal de Toulouse*, 12 avril 1863.)

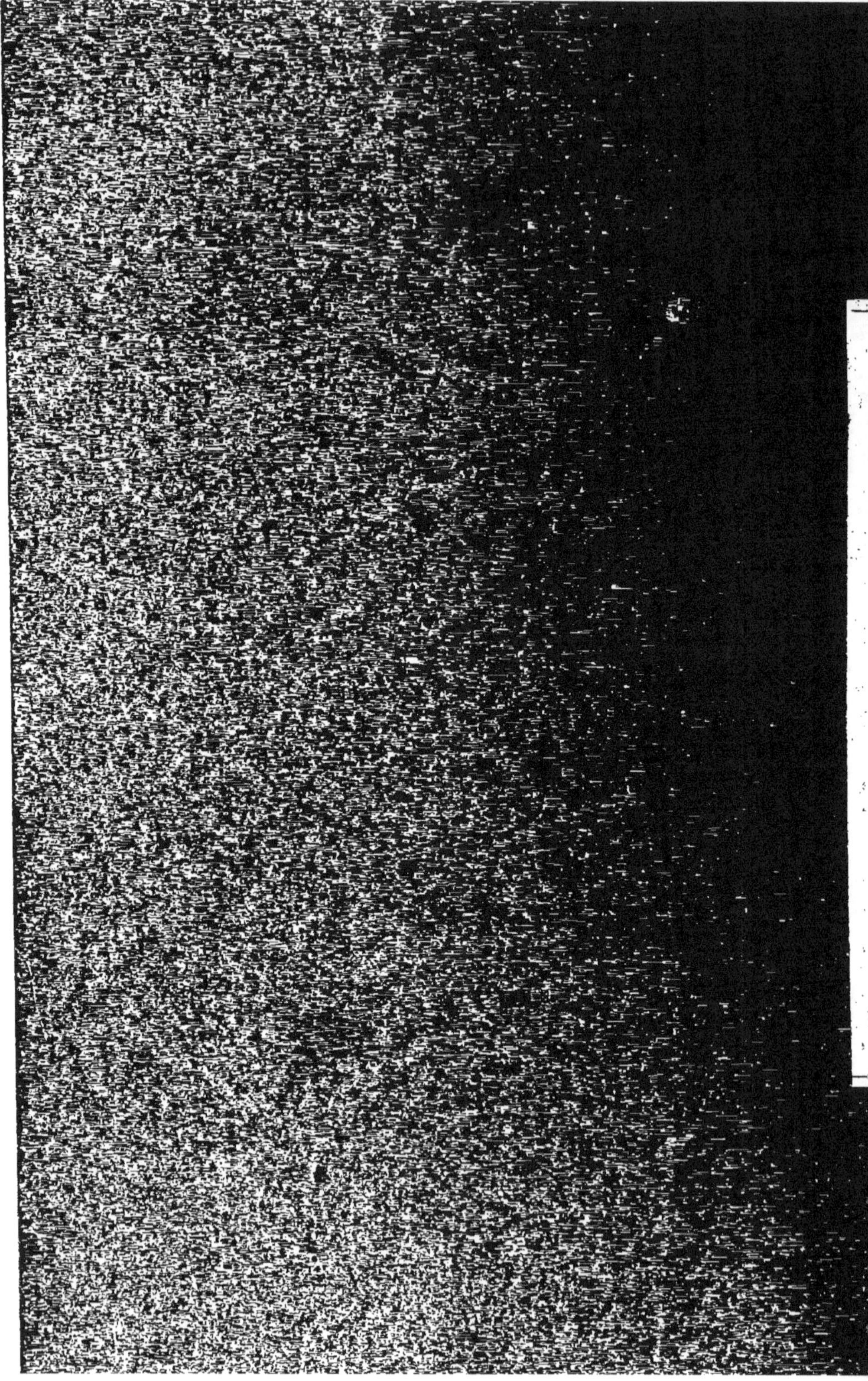

www.ingramcontent.com/pod-product-compliance
Lightning Source LLC
LaVergne TN
LVHW020255230826
846091LV00006B/2433
* 9 7 8 2 0 1 1 7 8 3 9 2 9 *